Sabine Kalwitzki

Du schaffst das schon!

Mutgeschichten,
die Kinder stark machen

Illustriert von Julia Ginsbach

Loewe

Die Deutsche Bibliothek – CIP-Einheitsaufnahme

Du schaffst das schon! :
Mutgeschichten, die Kinder stark machen /
Sabine Kalwitzki ; Julia Ginsbach.
– 1. Aufl. – Bindlach : Loewe, 2002
ISBN 3-7855-4159-7

Der Umwelt zuliebe ist dieses Buch
auf chlorfrei gebleichtem Papier gedruckt.

ISBN 3-7855-4159-7 – 1. Auflage 2002
Umschlagillustration: Julia Ginsbach
Redaktion: Rebecca Schmalz
Herstellung: Sandra Lautner

www.loewe-verlag.de

für Maximilian

S.K.

Inhalt

„Ich schaff das schon,
ich schaff das schon,
ich schaff das ganz alleine.
Ich komm bestimmt,
ich komm bestimmt
auch wieder auf die Beine."

Ich freue mich, dass mit diesem Buch die Idee meines Liedes
„Ich schaff das schon" verstärkt wird. Besonders freut mich,
dass Julia Ginsbach, die schon viele meiner Lieder so
zauberhaft illustriert hat, daran beteiligt ist,
Kindern Mut zu machen.

ROLF ZUCKOWSKI

Das Lied „Ich schaff das schon" ist auf der gleichnamigen CD/MC
bei Musik für Dich/Polydor erschienen. Abdruck mit freundlicher
Genehmigung des Musikverlags Hans Sikorski

Nachtgespenster

Da war was! Ein Geräusch! So ein unheimliches Knistern.

Tim liegt stocksteif im Bett und hält die Luft an. Er hat es ja geahnt! Im neuen Haus gibt es Gespenster. Bestimmt wird ihm gleich eines die Bettdecke wegziehen. Oder ihn in den großen Zeh beißen. Oder von unten gegen die Matratze klopfen.

Tim krallt sich an seiner Stoffmaus fest. Sie heißt Wuschel und ist normalerweise sehr mutig.

Aber ausgerechnet jetzt hat auch Wuschel Angst. Wuschel schaut mit großen, ängstlichen Knopfaugen auf Tim. Und wenn Wuschel so guckt, ist das kein gutes Zeichen.

Da! Schon wieder! Irgendwo im Zimmer knackst es, und die Treppe knarrt. Und jetzt bewegt sich die Türklinke!

Tim zieht sich schnell die Decke über den Kopf. Er hört, wie Schritte immer näher kommen, und dann, plötzlich, zupft es an seiner Bettdecke.

„Mama!", schreit Tim.

„Bin ja da, Tim!", sagt Mama leise. „Ich wollte nur sehen, ob du auch gut schläfst, die erste Nacht in unserem neuen Haus." Sie streicht ihm über die Haare.

Tim fängt an zu weinen. „Es ist ein doofes Haus!", schluchzt er. „Da ist ein Gespenst! Es macht Geräusche!"

Mama nimmt Tim fest in die Arme und schaukelt ihn sanft. „Das wäre ja noch schöner!", sagt sie entschieden. „Es ist ganz allein dein Zimmer. Gespenster haben hier nichts verloren! Lass uns mal nachsehen, ob wir es finden!"

Mit Wuschel auf dem Arm macht sich Tim mit Mama auf Gespenstersuche. Unter dem Bett ist kein Gespenst. Auch nicht auf dem Kleiderschrank. Tim guckt in die Spielzeugkiste, und Mama sieht hinter der Gardine nach. Sogar in die Schublade mit den Unterhosen schauen sie.

Tim grinst. Das wäre schon ein ziemlich blödes Versteck für ein Gespenst, findet er. Ein Gespenst zwischen all den Unterhosen!

Wo Mama und Tim auch suchen, ein Gespenst ist nicht zu finden.

„Ist ja schließlich auch mein Zimmer!", sagt Tim. „Zutritt für Gespenster ist verboten! Morgen male ich als Erstes ein Gespensterverbotsschild und hänge es an meine Tür."

Die große Rutsche

„Du hast dir wunderschöne Hausschuhe ausgesucht!", lobt die Verkäuferin. „Die würden mir auch gefallen!"

Bea strahlt. „Die sind für den Kindergarten!", sagt sie stolz. „Nur noch einmal schlafen, und dann fängt der Kindergarten wieder an. Da sind ganz viele Kinder und Spielsachen. Und wenn die Sonne scheint, dürfen wir im Garten spielen. Da steht eine große Rutsche. Ich trau mich auch schon runterzurutschen. Ganz alleine. Braucht mich keiner festzuhalten."

Die Verkäuferin lacht. „Hört sich klasse an!", meint sie. „Ich wünsch dir viel Spaß!"

Am nächsten Morgen kann Bea gar nicht schnell genug in den Kindergarten kommen. Bea ist in der Teddygruppe bei Steffi, der lustigsten Kindergärtnerin von allen. Gleich am ersten Tag dürfen alle in den Garten.

Bea rennt sofort zu der großen Rutsche und klettert die Sprossen der Leiter hinauf. Mann, ist die hoch!

„Nun mach schon!", drängelt Robbi hinter ihr. „Oder traust du dich etwa nicht?"

„Klar trau ich mich!", sagt Bea. „Bei meiner Oma im Garten steht eine Rutsche, die ist mindestens tausend Meter hoch, die bin ich schon oft runtergerutscht." Bea streckt Robbi die Zunge raus.

„Ist der blöd!", denkt Bea, aber ihre Beine zittern doch ein bisschen. Das mit der Riesenrutsche bei der Oma war fast geschwindelt. Denn dort im Garten steht eigentlich nur so eine ganz kleine Rutsche.

„Was ist, du Angsthase?", schreit Robbi.

Ganz viele Kinder stehen unten an der Rutsche und schauen zu Bea rauf.

Bea hält sich am Geländer fest. Auf einmal hat sie ein ganz komisches Gefühl im Bauch.

„Lasst Bea in Ruhe!", hört Bea Steffis Stimme. „Sie wird schon rutschen. Nicht wahr, Bea?" Steffi lächelt Bea an. „Du kannst das ganz bestimmt! Ich bin hier unten und fang dich auf!" Steffi steht am Ende der Rutsche und breitet die Arme aus.

Da rutscht Bea los. Direkt in Steffis Arme.

Steffi fängt sie auf und wirbelt sie in der Luft herum.

„Was bist du für ein mutiges Mädchen!", freut sich Steffi.

„Ja, das bin ich!", antwortet Bea. „Und jetzt rutsche ich gleich nochmal!"

Muttertag

Morgen ist Muttertag

„Wie wollen wir morgen zum Muttertag Mama überraschen?",
fragt Papa am Samstagabend.

Lisi setzt sich zu Papa auf das große, grüne Sofa. Wenn's gemütlich ist, kann man nämlich besser nachdenken.

„Wir könnten ihr eine Krone basteln, dann sieht sie aus wie
eine Prinzessin!", schlägt Lisi vor. „Oder wir pflücken ganz viele
Gänseblümchen!" Lisi stützt die Arme auf ihre Knie und grübelt
weiter. Und da hat sie eine tolle Idee: „Ich geh ganz allein zum
Bäcker Bommel und hole ihr die knusprigen Brötchen zum
Frühstück, die sie so gerne mag."

„Kannst du das
denn?", fragt Papa
und runzelt die
Stirn.

Lisi nickt stolz.
„Ich bin mit
Mama schon
oft bei Bäcker
Bommel gewesen.
Ich muss gar nicht
über die Straße."

Papa findet die Idee prima.

Am nächsten Morgen schleichen Papa und Lisi ganz leise aus
dem Haus.

Papa winkt Lisi nach.

In Bäcker Bommels Laden stehen schon viele Leute. Lisi stellt
sich an. So, wie sie es mit Mama immer macht. Ganz hinten, ans
Ende der Schlange.

Endlich ist sie an der Reihe.

„Wer kommt dran?", fragt die Verkäuferin in die Runde. Aber
ehe Lisi antworten kann, drängelt sich eine Frau vor.

Lisi ärgert sich, aber sie sagt nichts. Doch als sich auch noch
ein Mann vordrängelt, wird es Lisi zu viel. Sie nimmt all ihren
Mut zusammen.

„Ich bin jetzt dran!", sagt sie ganz laut zu der Verkäuferin.

Jetzt erst bemerkt die Verkäuferin Lisi. „Ach, dich habe ich ganz übersehen bei den vielen Leuten hier!", meint sie. „Das tut mir Leid! Wie gut, dass du etwas gesagt hast. Was kann ich dir denn geben?"

„Ich will Brötchen für meine Mama. Ganz knusprige. Weil sie die so gern mag! Heute ist nämlich Muttertag, und ich hole die Brötchen ganz alleine, weil ich das schon kann!", erklärt Lisi.

Die Leute im Laden lachen.

Und die Verkäuferin lacht auch. Sie sucht die allerknusprigsten Brötchen aus und schenkt Lisi sogar noch einen Maikäfer aus Schokolade.

Zu Hause wartet Papa schon auf Lisi. Er hat inzwischen den Frühstückstisch gedeckt und extra für Mama ganz viele Rosenblätter auf den Tisch gestreut.

Dazu stellt Lisi ihre Knusperbrötchen.

Mama freut sich sehr. „Wie geht es mir heute gut!", lacht sie und nimmt Lisi und Papa in den Arm.

Als Lisi ihr erzählt, dass sie die Knusperbrötchen ganz allein geholt hat, ist Mama richtig stolz auf Lisi.

„Das sind die knusprigsten Knusperbrötchen, die ich je gegessen habe!", sagt sie.

Und dann knuspern alle drei um die Wette.

Die Meckerziege

Tobi steht an dem kleinen Tor zum Streichelgehege. Er ist heute mit Oma und Opa in den Zoo gekommen. Das hat er sich zum Geburtstag gewünscht. Tobi wollte unbedingt mal eine richtige Ziege streicheln.

Aber nun ist er sich gar nicht mehr sicher, ob er das wirklich will. Denn Tobi steht auf der einen Seite des Tores, und auf der anderen Seite steht eine Ziege. Mit Hörnern. Und sie meckert. Ziemlich laut sogar.

„Na, die ist ja sehr neugierig! Wahrscheinlich weiß sie, dass wir Futter für sie dabeihaben", sagt Opa. „Komm, lass uns zu ihr reingehen!"

„Mähähä!", meckert die Ziege.

„Siehst du, sie freut sich schon auf dich!", lacht Oma.

Aber Tobi freut sich nicht auf die Ziege. Sie sieht irgendwie blöd aus, findet er. Doch da hat Opa schon das Tor geöffnet und Oma und Tobi vor sich her in das Gehege geschoben.

Und da kommt sie auch gleich an, die blöde Meckerziege. Sie schnuppert an Tobis Jackentasche und stupst ihn in die Seite. Tobi läuft ein paar Schritte weg. Doch die Ziege springt ihm nach.

Das findet Tobi so unheimlich, dass er schnell zu Oma rennt und sich hinter ihr versteckt.

Die kleine Ziege findet das Spiel wohl lustig. Mit übermütigen Sprüngen kommt sie hinter Tobi her.

„Sie will nur mit dir spielen!", beruhigt ihn Oma. „Gib ihr doch ein wenig Futter. Nimm das Futter auf die flache Hand, und halte ganz still. Dann holt sie es sich. So, siehst du!" Oma macht es vor.

Die kleine Ziege frisst gierig alles auf, was auf Omas Hand liegt.

Dann nimmt Oma Tobis Hand, streut ein paar Futterkörnchen darauf und hält Tobis Hand ganz fest.

Tobi schlägt das Herz bis zum Hals. Wenn die Ziege ihm nun in den Finger beißt?

Aber da leckt die Ziege mit ihrer rauen Zunge auch schon von Tobis Hand das Futter ab.

Wie das kitzelt! Tobi muss lachen.

„Mähähä!", meckert die Ziege.

„Das heißt, sie will noch mehr haben!", übersetzt Opa.

Tobi nimmt noch ein paar Körnchen aus seiner Jackentasche, geht ein paar Schritte und hält der Ziege das Futter hin.

Sofort kommt sie angelaufen, frisst alles auf und meckert laut.

„Ich habe sie dressiert!", ruft Tobi lachend. „Schaut mal, sie kommt mir immer hinterher!"

Und wirklich! Die Ziege läuft hinter ihm her wie ein kleines Hündchen. Jetzt traut Tobi sich sogar, die Ziege zu streicheln. Schließlich mag sie ihn ja auch.

Sonntagsbesuch

Mama stellt die Erdbeertorte auf den Tisch. Papa schiebt noch schnell mit dem Fuß die Zeitungen unters Sofa und schüttelt die Kissen auf. Das tut er sonst nie. Aber heute ist wichtiger Besuch angesagt: Papas Chef kommt zum Kaffeetrinken.

„Sei brav!", sagt Papa zu Svenja. „Und benimm dich! Damit es ein schöner Nachmittag wird!"

Als es klingelt, öffnet Mama die Tür. Sie hat Laura auf dem Arm.

„Nein, was für ein niedliches kleines Baby!", hört Svenja. „Ach, geben Sie mir doch mal die Kleine, so was Herziges muss man einfach drücken."

Svenja steht hinter der Wohnzimmertür und beobachtet die Begrüßung. Papas Chef sieht nett aus. Er hat ganz lustige Augen.

Mit einer leichten Verbeugung überreicht

er Mama einen Blumenstrauß. Seine Frau hat Laura auf dem Arm und küsst ihr die dicken, roten Bäckchen.

„Ih, wie eklig!", denkt Svenja.

Dann kommen alle ins Wohnzimmer.

„Und das ist unsere große Tochter Svenja!", sagt Papa.

„Svenja, das sind Herr und Frau Gärtner! Sag ihnen Guten Tag!"

Papas Chef lacht Svenja an. „Was für ein hübsches kleines Mädchen!", sagt er. „Guten Tag, junge Dame!"

Svenja gibt ihm schüchtern die Hand.

Frau Gärtner geht in die Hocke, um Svenja zu begrüßen. „Guten Tag, Svenja!", sagt sie und streichelt ihr über den Kopf. „Was bist du für eine süße Maus! Komm, lass dich mal drücken!"

„Nein!", sagt Svenja und versteckt sich hinter Mamas Rücken. Svenja will nicht gedrückt werden. Womöglich würde Frau Gärtner sie auch noch küssen. So einen dicken Kuss, wie sie Laura gegeben hat. Bäh!

Mama legt ihren Arm um Svenjas Schultern und nickt ihr zu. „Svenja möchte das nicht!", sagt sie. „Und das ist auch in Ordnung so!"

Svenja ist froh, dass Mama sie versteht.

Später, als Svenja Mama in der Küche hilft, zieht Mama sie zu sich. „Hör mal, Svenja!", meint sie. „Das war richtig, was du gemacht hast. Es ist gut, wenn du weißt, was du möchtest und was du nicht möchtest. Und wenn du nicht gedrückt werden willst, dann soll das auch nicht sein. Das entscheidest du allein. Ich fand dich sehr mutig vorhin."

Svenja kuschelt sich an Mama. „Du sollst mich drücken, Mama! Ganz doll!", sagt sie leise.

Beim  Zahnarzt

Chris und Mama sitzen im Wartezimmer des Zahnarztes.

„Nur mal nachgucken lassen", hat Mama gesagt.

Chris rutscht unruhig auf seinem Stuhl hin und her. Was ist das für ein scheußliches, pfeifendes Geräusch, das er da hört?

„Der Zahnarzt repariert gerade einen kaputten Zahn", erklärt Mama. „Was du da hörst, ist der Bohrer."

Chris erschrickt furchtbar. Ein Bohrer, hat Mama gesagt? So einer wie der von Papa, mit dem man Löcher in die Wand bohren kann? „Nicht mit mir", denkt Chris.

„Der Nächste, bitte!", ruft die freundliche Zahnarzthelferin und hält die Tür zum Sprechzimmer auf.

Mama zeigt Chris den Behandlungsstuhl, und Chris rutscht vor lauter Angst das Herz in die Hose.

Da kommt auch schon der Zahnarzt herein. Er zwinkert Chris fröhlich zu. „Hallo, kleiner Mann, ich bin Dr. Schmidt", stellt er sich vor. „Geht's dir gut?"

Chris kneift seinen Mund zusammen und schüttelt den Kopf.

Der Zahnarzt lacht. „Ob ich wohl mal einen Blick auf deine Zähne werfen darf?"

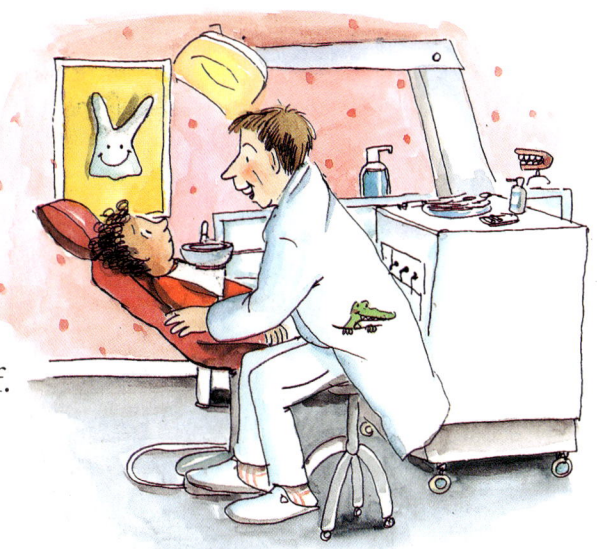

Chris beißt die Lippen fest aufeinander und schüttelt wieder den Kopf.

„Du hast ganz Recht!", meint Dr. Schmidt. „Man kann schließlich nicht jedem seine Zähne zeigen. Vielleicht willst du ja erst noch etwas wissen?"

Chris nickt. „Wo ist dein Bohrer?", fragt er schüchtern.

Da nimmt der Zahnarzt einen kleinen, silbernen Stift und zeigt ihn Chris. „Das ist mein Bohrer", sagt er.

Chris staunt. Mann, ist der winzig! „Der von meinem Papa ist viel größer! Kannst du damit auch Löcher in die Wand bohren?"

„Leider nein", lacht Dr. Schmidt und steckt den Bohrer zurück. „Aber jetzt, wo dein Mund schon mal offen ist, könnte ich doch einen Blick reinwerfen, was meinst du?"

Chris nickt und macht seinen Mund auf.

„Sieht ja toll aus!", lobt der Zahnarzt. „Du bist wohl ein besonders tüchtiger Zähneputzer! Weißt du, was? Zur Belohnung zeige ich dir sogar, was mein toller Behandlungsstuhl alles kann. Gut festhalten, junger Mann, gleich geht's los!"

Und schon fährt der Stuhl nach oben und nach unten und mit dem Kopfteil auf und ab, bis Chris lachen muss.

„Echt klasse!", meint Chris. „Machst du das bei Mama auch?"

„Mit Vergnügen!", schmunzelt Dr. Schmidt. „Aber nur, wenn sie auch so mutig ihren Mund aufmacht."

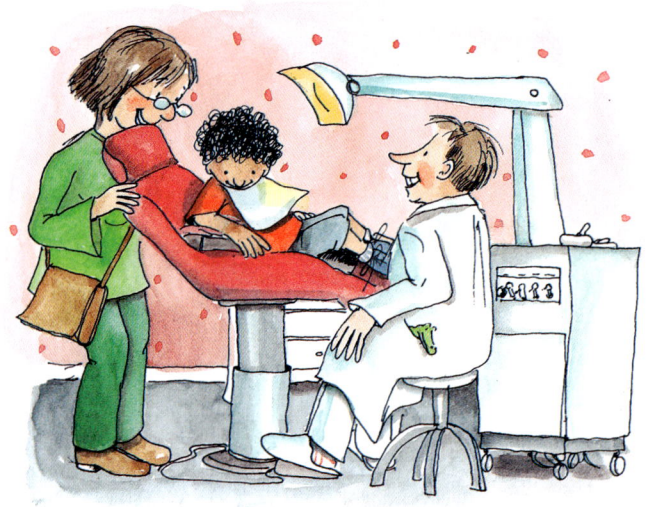

Nina,  die kleine Wassernixe

„Achtung, jetzt kommt eine Wasserbombe!", schreit Nina.

Alle Kinder nehmen Anlauf und springen mit einem Riesenplatscher ins Schwimmbecken.

„Bravo, toll gemacht!", lobt Susanna, die Schwimmlehrerin. „Das war der größte Platscher aller Zeiten. Wisst ihr, was, Kinder? Heute darf jeder, der sich schon traut, seinen Schwimmgürtel ablegen und mit mir eine kleine Runde schwimmen. Ich glaube, ihr seid jetzt so weit."

Nina guckt ihre Freundin Charlotte an, und Charlotte guckt Nina an. Schwimmen ohne Schwimmgürtel, darauf haben sie sich schon lange gefreut. Ist doch klar, dass sie es probieren wollen!

Einen Augenblick später liegt Nina schon auf Susannas Armen. Ganz ohne Schwimm- gürtel. Susanna hält ihre Hand unter Ninas Bauch, und Nina macht Schwimmbewegungen mit ihren Armen und Beinen. Susanna trägt sie ganz sicher im Wasser.

„Jetzt pass auf, Nina! Du schwimmst einfach weiter, und ich nehme meine Hand weg von deinem Bauch. Du brauchst keine Angst zu haben, ich pass auf dich auf."

Nina klopft das Herz bis zum Hals. Da spürt sie, wie Susanna ihre Hand wegzieht. Nina sinkt ein bisschen tiefer ins Wasser. Sie taucht mit dem Kopf unter und bekommt Angst. Sie rudert und paddelt, so fest sie kann. Dann spürt sie wieder Susannas Hand.

„Mach nur weiter, du machst das wunderbar, Nina!", sagt Susanna. „Bleib ganz ruhig, dir kann nichts passieren."

Jetzt nimmt Susanna die Hand unter Ninas Bauch wieder weg. Diesmal geht es schon besser. Nina bleibt mit dem Kopf über Wasser und schwimmt drei Stöße ganz alleine, dann stützt Susannas Hand sie wieder.

„Ganz toll, Nina!", lobt Susanna. „Jetzt probierst du es bis zum Beckenrand auf der anderen Seite!"

Nina schwimmt los, Susanna nimmt die Hand weg.

Und Nina schwimmt und schwimmt. Susanna braucht Nina

gar nicht mehr mit ihrer Hand zu tragen. Nina spürt die Hand nur noch ab und zu. Das heißt: „Ich bin noch da, ich pass auf dich auf."

Nina berührt den Beckenrand und jubelt: „Charlotte, hast du gesehen, ich kann schwimmen!"

Alle Kinder klatschen.

„Du bist eine richtige kleine Wassernixe, Nina!", freut sich Susanna.

Und am Ende der Schwimmstunde können auch Charlotte und all die anderen Kinder ein paar Stöße ganz ohne Schwimmgürtel schwimmen. Kein Wunder, denn Nina hat es ja vorgemacht.

Aufstand der Knirpse

Geschafft! Jonas und Marie klettern die letzten Sprossen zum Holzhäuschen hinauf. Das ist das Tollste am ganzen Spielplatz. Von hier oben können sie sogar bis in den Garten von Frau Berger sehen.

Die hat seit letzter Woche einen Hund. Einen dicken, schwarzen, unheimlichen Hund. Der steht jetzt immer am Gartentor und bellt aufgeregt den Leuten hinterher.

Jonas und Marie machen es sich im Holzhäuschen richtig gemütlich. Mama gibt ihnen eine Decke hinauf. Dazu den Plastikdrachen und den mutigen Ritter, der immer die Prinzessin vor dem Drachen rettet.

„Ich fress dich auf!", sagt der Drache zu der Prinzessin.

„Wenn du die Prinzessin holst, hau ich dir eins auf die Nase! Verschwinde!", schreit der Ritter den Drachen an.

Marie klatscht begeistert in ihre kleinen Hände.

„Besser, ihr verschwindet selbst!", sagt da ein Junge, der plötzlich neben Jonas und Marie steht. „Wisst ihr denn nicht, dass das Holzhaus der Lieblingsplatz von dem schwarzen Hund ist? Der wird gleich kommen und euch beißen!"

Voller Angst klettern Jonas und Marie die Sprossen hinunter, laufen zu Mama und erzählen ihr alles.

Mama schüttelt den Kopf. „Da hat der Junge aber einen schönen Quatsch erzählt!", sagt sie. „Ich glaube, der wollte bloß das ganze Haus für sich haben. Geht ruhig wieder rauf und spielt weiter. Ihr wart zuerst da!"

„Komm lieber mit!", bittet Jonas.

„Ja, Mama, tomm!", weint Marie.

Aber Mama sagt: „Das könnt ihr schon ganz alleine! Ich schau euch nach!"

Der Junge grinst, als Jonas und Marie wieder ankommen. „Gleich beißt euch der schwarze Hund!", ruft er.

„Du erzählst nur Quatsch!", sagt Jonas mutig.

„Nur Watsch!", wiederholt Marie und nickt.

Der Junge zieht die Augenbrauen hoch. „Aufstand der Knirpse, was?", brummt er.

„Selber Knirps!", sagt Jonas. „Und jetzt lass uns in Ruhe!"

Ärgerlich klettert der große Junge vom Häuschen runter und trottet davon.

Jetzt wird auch Marie ganz mutig. „Selber Nirps!", schreit sie dem Jungen hinterher und stemmt wütend ihre Arme in die Seite.

Jonas stellt sich neben Marie und fühlt sich fast wie ein mutiger Ritter. Denn Ritter haben keine Angst, nicht vor Drachen und nicht vor Hunden. Und vor größeren Jungs schon gar nicht.

Wo ist Papa?

Franziska fährt mit Papa die Rolltreppe im Kaufhaus hinauf. Sie wollen in die Spielwarenabteilung. Eine Geburtstagspuppe für Franzis kleine Schwester aussuchen.

„Bleib dicht bei mir!", sagt Papa. „Es sind so viele Leute hier. Nicht, dass wir uns verlieren."

Franzi nickt. „Und wenn ich dich aber doch verliere?", fragt sie.

Papa überlegt. „Dann gehst du einfach zu der Kasse dort vorne und wartest auf mich. Du brauchst keine Angst zu haben. Ich finde dich. Ohne dich gehe ich hier ganz bestimmt nicht weg."

Franzi nimmt eine Babypuppe aus dem Regal. Ist die schön! Sie hat einen Schnuller im Mund. Und wenn man den Schnuller rauszieht, sagt sie ,Mama'. Ach, da ist ja auch ein Teddy! Wie weich der ist! So einen wünscht sich Franzi schon lange.

„Schau mal, Papi, genau so einen Teddy ...", beginnt sie. Doch dann stockt sie. Wo ist Papa? Eben stand er doch noch neben ihr!

Franzi läuft bis ans Ende des Regals. Aber sie kann Papa nicht entdecken. Papa ist verschwunden! Da bekommt Franzi Angst. Was soll sie nur tun? Vor lauter Angst kann Franzi gar nicht richtig denken. Papa ist weg! Wie soll sie denn jetzt nach Hause kommen? Zu Mama. Und der kleinen Jule. Mama wird bestimmt nach ihr suchen. Und dabei ganz doll weinen.
Weil sie Franzi so lieb hat.

Franzi kullern die Tränen über die Backen. „Mein Papi ist weg!", schluchzt sie. „Ich will zu meiner Mami!"

Da kniet sich eine junge Frau neben Franzi. „Was ist denn passiert?", fragt sie und lächelt Franzi an.

„Mein Papi ist weg!", weint Franzi.

„Ganz ruhig!", sagt die Frau. „Jetzt verrätst du mir erst mal deinen Namen. Dann überlegen wir, wie wir deinen Papi wieder finden."

„Ich bin die Franzi", schluchzt Franzi. „Mein Papi hat gesagt, wenn wir uns verlieren, soll ich an der Kasse da vorne warten."

„Prima!", sagt die Frau und nimmt Franzi bei der Hand. „Da gehen wir jetzt hin und schauen, ob dein Papi schon auf dich wartet."

Aber Papa steht nicht an der Kasse.

Die junge Frau redet kurz mit der Kassiererin.

Und dann hört Franzi die Durchsage: „Die kleine Franzi sucht ihren Papa. Sie möchte an der Kasse abgeholt werden."

Kaum ist die Durchsage vorbei, kommt Papa auch schon mit schnellen Schritten angelaufen.

„Da bist du ja, Franziska!", sagt er und nimmt Franzi fest in die Arme. „Wie gut, dass du dir gemerkt hast, wo ich dich wieder finden kann. Das hast du wunderbar gemacht!"

Er bedankt sich bei den beiden Frauen, und dann gehen Franzi und Papa auf diesen Schreck erst mal ein Eis essen. Ein großes. Mit Sahne!

Die Mutprobe

„Ich hab dich gefunden!", ruft Paul und lacht.

Lukas kriecht aus seinem Versteck hinter der großen Hecke. „Das ging aber schnell!", schnauft er. „Jetzt bist du wieder dran mit Verstecken. Ich zähl bis zehn, dann komm ich."

Lukas stellt sich an die große, alte Kastanie, schließt die Augen und beginnt zu zählen: „Eins, zwei, drei ..."

Da klopft Paul ihm auf die Schulter. „Weißt du, wo es die tollsten Verstecke gibt? Auf dem Abenteuerspielplatz im Stadtpark. Komm, da gehen wir jetzt hin. Das wird total super!"

„Da darf ich nicht alleine hin", antwortet Lukas. „Meine Mama will das nicht!"

Paul schaut Lukas mit großen Augen an.

„Ph!", macht er. „Da geht doch jedes Baby hin. Deine Mama braucht es ja nicht zu wissen. Jetzt komm, sei kein Spielverderber!"

Lukas fühlt sich ziemlich ungemütlich. Mama hat verboten, dass er ohne sie zum Abenteuerspielplatz geht. Sie findet es zu gefährlich. Paul darf allein dorthin gehen. Aber Paul ist ja auch schon sechs und kommt bald in die Schule.

„Hast wohl Schiss, was?", fragt Paul. „Kleine Mutprobe: Traust du dich zum Abenteuerspielplatz oder nicht?"

Lukas weiß gar nicht, was er sagen soll. Er ist ja schließlich kein Feigling. Vielleicht will Paul nicht mehr mit ihm spielen, wenn er die Mutprobe nicht besteht? Aber Mama ... Ach was, die wird es schon nicht erfahren.

Irgendwie laufen seine Beine einfach von alleine los. In Richtung Abenteuerspielplatz. Es ist richtig aufregend, etwas Geheimes zu tun. Und der Abenteuerspielplatz ist wirklich klasse. Da gibt es so gute Verstecke. Aber trotzdem muss Lukas immer wieder an Mama denken.

„Na, hast du schön mit Paul gespielt?", fragt Mama beim Abendessen. „Wo wart ihr denn?"

Lukas verschluckt vor Schreck fast sein Fischstäbchen. „Wir waren irgendwie überall, weiß auch nicht mehr so genau", antwortet er.

Mama sieht Lukas lange an.

Auweia! Den Blick kennt Lukas.

„Oh, lecker, da sind ja Zwiebeln im Kartoffelsalat!", sagt er und bemüht sich, ganz unschuldig auszusehen.

„Lukas", sagt Mama.

„Wo warst du heute?"

Mama ist immer so schrecklich direkt. Woher weiß sie denn nun schon wieder, dass sie genau an dieser Stelle nachhaken muss? Wenn Mama so gezielt fragt, kann Lukas sie einfach nicht anlügen. „Wir waren auf dem Abenteuerspielplatz", flüstert er.

Mama nickt. „Das habe ich mir fast gedacht. Lukas, darüber reden wir nach dem Essen!"

Lukas schluckt. Der Kartoffelsalat schmeckt ihm plötzlich gar nicht mehr. Ob Mama jetzt wohl wütend auf ihn ist?

Als Lukas im Bett liegt, setzt sich Mama zu ihm. „Du weißt doch, ich hatte dir verboten, alleine zum Abenteuerspielplatz zu gehen, weil der Weg so weit ist", beginnt sie. „Was du getan hast, war nicht in Ordnung! Aber ich habe mir überlegt, ob es vielleicht an der Zeit ist, dir den Weg zu erlauben. Morgen gehen wir zusammen zum Spielplatz. Wenn ich sehe, dass du vorsichtig und sicher die Straßen überquerst, werde ich es dir erlauben. Wenn nicht, dann müssen wir es eben üben."

Am nächsten Morgen laufen Lukas und Mama den ganzen langen Weg zum Abenteuerspielplatz. Lukas voraus und Mama hinterher.

An jeder Ecke sieht sich Lukas vorsichtig nach links und rechts um. Er geht nur über die Straße, wenn wirklich kein Auto kommt. Schließlich stehen sie vor dem Spielplatz.

Mama freut sich. „Ich sehe, du schaffst diesen Weg wirklich schon sicher. Ab heute darfst du alleine zum Abenteuerspielplatz gehen. Aber: Du sagst mir vorher Bescheid, wenn du losziehst, ja?"

Lukas strahlt vor Freude. „Ist versprochen!", sagt er. „Und jetzt komm, ich zeig dir, wo hier die tollsten Verstecke sind!"

Geheime Schokolade

Wütend knallt Katrin die Wohnzimmertür hinter sich zu. Dieser blöde Linus! Immer gewinnt er beim Würfeln. Das ist gemein!

Zornig tritt Katrin mit dem Fuß gegen die Tür. Sie könnte platzen vor Wut.

Katrin rennt ins Kinderzimmer, wirft sich auf ihr Bett und weint die ganze Wut in ihr Kissen. Bis es richtig nass ist.

„Linus hat bestimmt gemogelt!", schnaubt Katrin in ihr Taschentuch. „Das gibt's doch gar nicht, dass der immer gewinnt!"

Da fällt ihr Blick auf die Kiste, die unter Linus' Bett steht. Linus tut immer ganz geheimnisvoll mit seiner Kiste. Keiner darf reinschauen.

Katrin schleicht zur Tür und horcht. Alles still! Sie zieht vorsichtig die Kiste unter dem Bett hervor und öffnet sie. Darin liegen ein paar bunte Steine, ein Plastik-Krokodil und eine ganze Tafel Schokolade. Sieht aus wie Vollmilch-Nuss! Mhh, lecker! Katrin läuft das Wasser im Mund zusammen. Vollmilch-Nuss ist ihre Lieblingsschokolade.

Ob man ein Stückchen davon essen kann und dann das Papier wieder so zukriegt, dass es keiner merkt? Ach was! Geschieht Linus ganz recht, wenn er keine Schokolade mehr hat! Der hundsgemeine Würfel-Mogler!

Katrin isst fast die ganze Schokolade auf, stellt die Kiste wieder zurück und kuschelt sich dann mit ihrem Lieblingsbilderbuch in den Sessel.

Aber die schönen Bilder gefallen ihr heute gar nicht. Was ist, wenn Linus entdeckt, dass seine Schokolade verschwunden ist? Die Kiste war doch sein Geheimversteck! Katrin fühlt sich richtig schlecht.

Plötzlich öffnet sich die Tür. Linus kommt rein und lächelt etwas verlegen: „Tut mir Leid wegen vorhin! Ich hab gemogelt beim Würfeln. Ich wollte dich ärgern, das war gemein."

Als Linus dann auch noch seine Kiste unter dem Bett vorholt und sagt: „Ich hab was für dich, damit du dich nicht mehr über mich ärgerst", bekommt Katrin ein noch schlechteres Gewissen. Die Schokolade, die vorhin noch so lecker war, rumort jetzt wild in ihrem Magen.

„Du, Linus, warte mal, ich muss dir was sagen", beginnt Katrin. Sie holt tief Luft und nimmt all ihren Mut zusammen. „Ich hab dich auch geärgert. Ich hab nämlich deine Schokolade gegessen!"

„Wieso, woher wusstest du ... Hast du etwa meine Geheimkiste aufgemacht?", fragt Linus erschrocken. „Das darfst du doch nicht!" Er sieht wirklich böse aus.

Katrin ist ganz still und überlegt, wie sie das wieder gutmachen kann. Wenigstens weiß Linus jetzt, dass sie die geheime Schokolade genommen hat.

Da fällt Katrin etwas ein. „Du kannst meine Geheimtruhe haben. Die kann man abschließen."

Linus lächelt zufrieden, und dann essen sie miteinander den Rest der Schokolade auf.

Liebe Eltern,

Kinder im Kindergartenalter beginnen mit Nachdruck, ihre Umwelt zu erobern. Dabei stoßen sie an Grenzen, die wir Erwachsenen ihnen setzen, weil wir sie vor Gefahren beschützen wollen. Aber sie stoßen auch immer wieder an ihre eigenen Grenzen. Etwa wenn sie in Situationen geraten, die für sie beängstigend oder nur schwer zu bewältigen sind. Und doch ist es genau dieses Ausloten der Grenzen, das die Kinder in ihrer Entwicklung weiterbringt. Wenn es gut läuft, gehen die Kinder daraus mit neuem Mut, mehr Kraft und gesteigertem Selbstbewusstsein hervor. Kinder haben ein ganz gutes Gespür dafür, wann sie den nächsten Schritt gehen können – und wie groß er sein soll.

Wenn Kinder Mut und Stärke beweisen, haben sie auf dem Weg dorthin viele kleine ermutigende Erfahrungen gesammelt. Genau dabei können wir sie unterstützen.

Dieses Buch lädt ein zum Vorlesen, aber auch zum Miteinandersprechen über Erlebnisse und über Gefühle. Über Freude und Ärger, Wut und Angst, über Trauer, liebevolle Gefühle und Eifersucht. Kinder müssen ernst genommen und angenommen werden mit all ihren Gefühlen. Das hilft ihnen, ihre Gefühle wahrzunehmen und einen für sie sinnvollen Umgang mit diesen Gefühlen zu finden. Das macht sie stark und sicher.

Die Geschichten zum Mutmachen erzählen von Kindern, die für sie wichtige Herausforderungen im Alltag bewältigen.

In manchen Geschichten wird sich Ihr Kind wieder erkennen. Es wird dazu erzählen wollen und sich an eigene Erlebnisse erinnern. Vielleicht holt es sich im Miteinandersprechen noch einmal Bestätigung oder betrachtet das Erlebte nun unter einem ganz anderen Aspekt.

Es mag aber auch Geschichten geben, die für sich stehen bleiben können, die im Stillen wirken. Lassen Sie sich deshalb im Gespräch immer von Ihrem Kind leiten. Wovon erzählt es, woran erinnern es die Geschichten, was ist ihm jetzt gerade wichtig?

Nehmen Sie die Geschichten zum Anlass, sich mit Ihrem Kind auf seine Welt einzulassen – und dabei viel von ihm zu erfahren.

Sabine Kalwitzki

... lebt in München und ist Grundschullehrerin. Sie liebt es, mit ihren Schulkindern Theater zu spielen und Geschichten zu erzählen. Seit einigen Jahren schreibt sie Kinderbücher für all die fröhlichen, mutigen, frechen, nachdenklichen, verträumten und wunderbaren Kinder, die mit beiden Beinen auf der Erde stehen und zugleich mit dem Kopf über den Wolken schweben können.

Julia Ginsbach

... wurde 1967 in Darmstadt geboren. Nach ihrer Schulzeit studierte sie in Heidelberg Musik, Kunst und Germanistik und schloss ihr Studium am Institut für Kinder- und Jugendbuchforschung in Frankfurt am Main ab. Heute lebt sie mit ihrem Mann und ihren fünf Kindern, jeder Menge Farben, Pinsel, Papier, Büchern und Musik in einer kleinen schwäbischen Stadt und zeichnet am liebsten Kinderbücher.

Geschichten, die Kindern helfen!

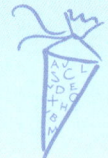

Jana Frey

Wird schon wieder gut!

Trostgeschichten, die Kinder fröhlich machen

Oje, Lena hat ihre Stoffgiraffe verloren! Wer kann sie da nur trösten?
Auch Lilli ist traurig: Sie hat Windpocken, und das an ihrem
Geburtstag! Doch ihre Familie hat schon eine tolle Überraschung
für sie vorbereitet. Till dagegen hätte zu gern einen Freund in der
neuen Stadt, denn wenn man jemandem erzählen kann, wie
traurig man ist, fühlt man sich gleich viel besser ...

Wenn Kinder beginnen, ihre Welt zu entdecken, gibt es
auch Momente, in denen sie Unterstützung brauchen und
sich anlehnen wollen. Diese Geschichten sind da genau
das richtige Trostpflaster.

Jana Frey / Erhard Dietl
Wird schon wieder gut!
Trostgeschichten, die Kinder fröhlich machen
ISBN 3-7855-4160-0